f

Jo Schmitz

Transit

Lyrik

Impressum

Bibliografische Information der Deutschen Nationalbibliothek:
Die Deutsche Nationalbibliothek verzeichnet diese Publikation in der
Deutschen Nationalbibliografie; detaillierte bibliografische Daten sind
im Internet über http://dnb.dnb.de abrufbar.

Lektorat: Vorname Name oder Institution
Korrektorat: Vorname Name oder Institution
weitere Mitwirkende: Vorname Name oder Institution

Herstellung und Verlag: BoD – Books on Demand, Norderstedt

ISBN: 978-3-7519-9611-2

Eins

Zeitflussdämme

Zeit
Flüssigfortfließendes Gewässer
Rinnsal, Bach, Fluss oder Strom
Unser Leben durchteilend,
Dabei Wärme fortschwemmend.

Wir wollten Dämme bauen.
Festhalten intendierend,
Um Geliebtes zu behalten,
Verlust und Verlustgefühl abzuwenden.

Doch die Erde aufhebend,
Sie aufzuschichtend und willens,
Sie durch Formung und Druck
in Mauern zu wandeln,
Rieselte sie durch unsere Finger.

So war das, was wir fanden
Keine Rettung, sondern ausschließlich
Toter Staub!

Claquer Une Porte

Verletzungsecho,
Abirrender Wiederhall
Ohne Orientierungsrichtung.

Der Dauer eines halben Atemzugs
Folgendes Zuschlagen,
Einer nahebei im Irgendwo
Gefundenen Tür,
Aus und mit Zorn.

Gefolgt von schmerzhafter Stille
Tropft Zeit in heißen Tränen
In den Schnee
Erfrorener Opportunität,
In die Asche
Verbrannten Anscheins.

Ende des Träumens

Ich liebe.

Nicht zum Lieben erzogen,
Ist es oft schwer zu Lieben.

Liebe trotzdem.

Wunsch

Ich möchte
Ein Denker sein,
kein Lenker,
Ein unbequemer,
Das wäre fein.
Und fühlen
Auch das Ungerechte
Und die Liebe.

Nachtrasen

Polizei rast
Rasant durch die Nacht.

Verdacht, Verdacht, Verdacht!
Umstellt das Haus,
Und holt ihn raus!

Der Delinquent
Wird nicht gehängt,
Wird eben schnell erschossen.

Turmbau

Habe einen Turm
Gebaut, wo man auf das Meer
Rausschaut, dort wo die Klippen
Gläsern sind.

Wollte
Wohnen darin.
Schreibend nur für Dich.
Ein Lied vielleicht oder ein Gedicht.

Der Himmel hat
'Nen Sturm gebraut und
Das Meer hat sich getraut,
Den Turm mir zu zerschlagen.

Doch
Aus den Trümmern
Wuchs schon bald
Eine kleine rote Rose bald.

Sie ist nun
Mein Geschenk an Dich.

Entwicklung

Menschen
aus dem Feuer stammend.
Heiß daraus geboren,
Kälter werdend
Mit jedem Atemzug im Leben.

Manch einer kommt
Sogleich im Dasein,
Vom Regen in die Traufe.

Und manche sterben erst,
Längst Gletschereis
Geworden.

Nuancen

Neues
Gras in Tälern grünend
Oben tauend tausend Jahre altes Eis.
Sonne schmerzend in der Welt Augen.

Abgezählt

Lieb Vaterland
Lass Du mich ruhig sein.
Du warst nie was wert
Und wirst's nie sein.
Deine Bäume sterben,
Die Blumen
Sind, wie die Flüsse vergiftet.
Deine Straßen blutrot.

Gib's auf lieb Vaterland,
Lass mich in Ruh!
Vergiss weiter den Verstand,
Und raus bist Du.

Sommersein

Stoppelig wartende Äcker.
Träumendes Sommerende.
Ersehnter Ruheschluss
Bunter Triebhaftigkeit.

Regenbeginnabend
In frische Furchen fallender
Kaltnächtlicher Segen.

Kraftwiederbringende
Buntherbstruhe,
Vor des Winters Schwangerschaftsschlaf.

Mit sprießender Grüngeburt
Erweckter Überfluss,
In austreibende Fruchtbarkeit gewandelte,
Lebhafte Prallähren präsentierend.

Dargestellte dauernde Daseinsfreude
Im Niedermachen wartender
Ermüdeter Halme mündend
Überführung zu Stoppelruinen.

Mondkind

Warte auf den Regen,
Warte auf den Mondschein.
Zartes Gras in lautloser Bewegung.
Mondkind tanzt mit Libellen,
Um den schweigend schwarzen See.
Tanze! Tanze! Mondkind tanze!

Eicheln knospen an dünnen Zweigen.
Lauer Wind erzwingt,
Leises, feinharfendes Singen im Chor der Nadelbaumnadeln,
Laubschiffchen bebend auf unruhiger Oberfläche,
Tau unmerklich hinabschwebend
Auf offene Kelche,
In offene Kelche.
Tanze! Tanze! Mondkind tanze

Sein

Wir lauschen den Grillen im Gras.
Irgendeiner erzählt irgendetwas,
Fast alle lachen.

Sitzen im Gras
Vollgestopft mit Essen
Warum auch nicht?

Die Sonne verschwand mit dem Tag,
Die Grillen blieben
Mit uns.

Masse

Masse, mit und ohne Dummheit,
Birgt den Terror,
Selten nur das Aufbegehren
Kluger Weiterführung.

1984-01-01

Alexis starb
Gestern Abend.
Es ist jetzt eine Lücke,
Die nicht mehr zu stopfen ist.
Keiner konnte Dir helfen,
Obwohl Du so vielen geholfen hast,
So viele bei der Hand genommen hast,
So viele weitergeführt hast.
Es gibt keinen Trost in der Gegenwart.

Der Trost liegt allein in dem,
Was uns geblieben ist, von Dir.
Der Weg liegt jetzt einsamer aber klar vor uns

*Alexis Korner gewidmet

Worte

Worte,
Aus allen Ecken kommend,
In jeden Winkel dringend des
Hirns.
Bilder,
Die nie lebendig waren
Aber immer doch so schienen,
Überall.

Fazit aber kein Ende

Ich!
Ihr? } 1983
Ich!!

Du

Du hast Dir einen Mittelpunkt gewählt,
In Deiner Welt.
Du kreist um ihn und zählst die Stunden.

Es ist nichts dagegen einzuwenden,
Das du's tust.
Aber erwartest Du jetzt nicht zu viel?
Soll sich die Sonne auch noch um die Erde drehen?

Ich weiß, was Du sagen willst:
Hundert Mal die Stunde

Aufbruch

Aufgebrochen sind wir,
Neues Land zu finden.
Sind hinausgefahren und haben uns verirrt.
Die Augen brennend im Kopf,
Das Meer tönt in unserem Ohr,
Haie wimmeln im Wasser
Geier in der Luft.
Land ist nicht in Sicht,
Nicht vor , nicht hinter uns.
Nicht rechts oder links.
Mitte gibt's noch für uns und die Welt.

Gestern und Morgen verschmelzen zum heute,
Heute zählt nur heute.
Alt und einsam sind wir alle
Und bald sind wir tot.
Es ist die Saison der Aasfresser.
Komm mit das wird 'ne treffliche Jagd.
Wir werden viel Spaß haben am Ende
Und den einen oder anderen mitnehmen.

Wiederholt

Wie jedes Jahr schleicht sich über Nacht,
Der bunte Herbst poussierend ein.
Trotz des werbenden Schmucks jedoch,
Greift uns heute eine kalte Hand ans Herz.
Sommerseele windend in bohrendem Schmerz.

Trägt er den Winter doch kommend bestimmt
Wie immer schon herbeitragend im Gepäck.
Der nächste, der Letzte oder einer dazwischen,
Wird's unausweichlich sein! Dunkel und trüb.

Manchen tröstet jetzt das Teekesselzischen,
In der Einen oder Anderen Seele glimmt immer noch Glut.
Wir tragen hoffend Mäntel aus Wolle oder Nerz,
Tragen die Bäuche, hoffnungslos fett und rot,
Ruinieren unsere Wollust und saufen uns tot.
Wolken treiben am Himmel, wir treiben im Schmerz.
Krieg, lösungslose Lösung (k)alter Herzen,
In unseren Gedanken, Tag und Nacht,
Anerzogen Gegner zu finden.
Doch werden wir keine Sieger mehr,
Sondern verlieren die Schlacht.

Wandern

Das Wandern unserer Gedanken
Das Wandern unserer Seelen

Woanders sind wir
Woanders sind wir glücklich
Vielleicht

Der Winter liegt

Der Winter liegt
Über den Äckern rings umher
Auf dem Schnee,
Unter dem blauen Tuch.
Der Beginn fällt schwer in der Frühe
Das Ende am frühen Abend bleibt
Unbefriedigend.
Mut & Kraft tauen Frost
& die Nachtigall schweigt.
Es ist die Zeit der Frettchen.

Zwei: Transit

Vorausgesprochen

Die längst überwunden geglaubte Distanz,
Die ersehnte Überbrückbarkeit
Der scheinbar endlichen Entfernung
Allen Seins und Seiendem und daraus
Resultierender geschaffener Erreichbarkeit
Der Möglichkeit vom Sieg
Der Gerechtigkeit.

Die Erfüllung perpetueller
In die Herzen geschriebener Sehnsucht,
Nach realer, lichter Ewigkeit aus
Düsterer, tagtäglicher Ödnis zu entweichen.

Das alles ist verflossen,
Folgt verhallender Grenzenlosigkeit.

| | **Transit I** | |

Zugabteilenge,
Leises Beben gleisdiktiert.
Die da draußen seh'n unsere platten Nasen
Unsere offenen Münder,
Unsere Gaffer-Sucht nicht.
Manchmal ein längerer Halt
Einer Station wegen oder öfter
Wegen einem Haltesignal.

Andere Abteile fliegen vorbei von Zeit zu Zeit,
Andere Gaffer darin.
Keine Zeit für Kontakt!
In der Nacht Lichterhaufen
Oder schwarzendlose Tücher,
Von der letzten Station kündend.
Am Tage ist immer alles gleich,
Zu hell für phantasievolle Unterschiede.

Das Ruckeln endet vorerst nicht,
Aber kein Material hält
Ewig.

| | **Transit II** | |

Traurig flüsternder Mond
In bleischweren Abendatem,
Bäume seufzen schwarze Schatten
Gesang von ganz ferne.

Flimmernde Fluglichter brummen leise dröhnend,
Blinkende Sterne ziehen die Hitze des Tages ab,
Schwarze Schwüle drückt aufs Gemüt.
Warum holst Du mich nicht
An so einem Tag?

| | Transit III | |

Im Stehen Zügen nachsehen
In Gedanken Flugzeugen hinterherfliegen
Im Wagen einen Gang höherschalten.
Die nächste Etappe irgendwie schaffen!

| | Transit IV | |

Das Schlachtfeld vor der Tür
Das täglich Dich erwartet,
Wenn du es nicht erwartest.
Sei auf der Hut,
Aber fürchte Dich nicht!
Vermeide kein Gefecht,
Um über Dummheit zu triumphieren.
Im Dunkel schau Dich um
Und hör gut zu, wo alle schreien.

| | **Transit V** | |

Meer umspült unsere Füße,
Fußspuren bleiben übrig
Im Sand.
Bald werden sie gefüllt sein,
Erst mit Wasser dann mit Sand.
Seepferdewolken werden darüber schweben,
Würmer darin bohren.
Dann wird auch das Wasser verschwinden
Muschelscherben zurücklassend.

|| Transit VI ||

Der alte Mann im Schaukelstuhl schläft,
Blätterschatten spielen in seinem Gesichtsgarten,
Fliegen weben sich summend in seinen Traum.
Der Atem knurrt alkoholisch.

Seine Kinder haben Mittagspause im nahen Werk,
Dessen Brummen man hier nicht hört.
Seine Enkelin im Haus stöhnt,
Unter den Händen ihres Liebhabers.
Ihr ist er wohl am nächsten.

| | Transit VII | | "Sternlose Nacht"

Wandern über grauem Asphaltmoos,
Traurig schmieriger Tau,
Regenbogenpfützen unter Straßenlaternen,
Kalter Wind verteilt Abgasblumenaroma.

Wahllose Worte klingen leer
Eisige Finger ineinander verknotet.
Taxi fährt vorüber,
Es war wohl sowieso nicht frei.

Wo laufen Gedanken?
Sind sie voraus oder kommen sie nach?
Innen ist's kälter als außen,
Und ganz ohne Licht zudem!

Unser Leben tragen wir
In uns, in grauen Kartons.
Längst verödeter Tränenteich.
Trockenlagerung erhöht die Haltbarkeit ohnehin.

Unser Echo klirrt an inneren Scheiben.
Wie Fische blähen wir unsere Backen,
Wie Stühle steh'n wir im Lichtkreis
Von Fernsehsesseln träumend.

Stromer liegen in Ecken.
Sicher ist einer darunter längst erfroren,
An frostiger Fürsorglichkeit.
Besinnungslos besoffen die Anderen.

Der Leichenzug bewegt sich weiter,
Trägt traurig Töne und sel'ge Seelen.
Der Weg ist so lang.
Schwarze Gestalten in sternloser Nacht.

|| Transit VII ||

Der Wind spricht
Alle schweigen wie Sterne.
Wir segeln fort,
An den Mast gekettet.
Möwen spotten.

Wir fürchten keine Eisberge,
Fürchten nicht den Wurm im Rumpf.
Fürchten nicht einmal
Nichts zu fürchten.

❘❘ **Transit VIII** ❘❘

Du stellst eine Lampe ins Fenster,
Wie früher die alten Frauen,
Nicht um die Nacht zu vertreiben
Sondern um einer geliebten Seele
Einen helleren Stern zu zeigen,
Einen wärmeren.
Ihr zu helfen,
Den Weg heim
Zu finden.

Du stellst eine Lampe ins Fenster,
Doch Deine eigene Seele
Folgt Straßenlaternen und Neonröhren
Und friert daheim.

| | Transit IX | |

Ruheloses Gold und grüner Marmor,
Tiefe Stille mittags von Grillen verbreitet,
Bleibt wie Staub der Seele liegen.
Ein trauriges Lied wächst
Zwischen den Schulterblättern.

Melancholisch spielende Hände,
Drapieren einem trockenen Grashalm
Mit darauf und fixierten Blick.
Entfernt, nicht weit betrachtend.

Kein Bach, kein Fluss, kein Regen.
Innen sprudelt die Quelle Tränen,
Außen verbrennt die Sonne Staub.

Abdrücke von Zehen finden sich im Sand:
Zehen auf der Suche nach Wasser!

In welcher Richtung nur liegt der Sonnenaufgang?

| | Transit X | |

Das volle Gesicht blickt durch Wolkenfetzen,
Sieht sich selbst im kühlen Wasserspiegel,
Sieht Dein Gesicht in blassem Rot,
Sieht meine Erregung.

Seltsam tönt die Stille unserer Herzen,
Wie barfuß übers Pflaster gehen,
Wie lauer Wind auf dem Meer,
Wie nächtlich fallender Schnee.

Worte stecken in unseren Hälsen,
Unsere Zungen würgen daran.
Schlangen züngeln in unserm Hirn.
Bilder wie Nadelstiche für unsern Magen.

Abschied nehmen von dem was war
Und von dem was wir nicht waren.
Unsere Zeit wird kommen,
Unsere Zeit wird gehen.

| | Transit XI | |

Dull dümpeln unsre rüden Gedanken,
Es wird bald hell sein,
Du wirst bald mein sein.
Ein Zug fährt vorbei, es heben sich Schranken:

Ich führe gern fort sind deine Worte.
Der Mond ist kaum zu sehen,
Meine Gedanken gehen,
Mit mir durch andere, ferne Orte.

| | **Transit XII** | |

Schnell sprechen gegen die Uhr.
Traumlos kurze Nacht,
Wer nicht sündigt, lebt nicht.
Nicht aufhalten lassen,
Wir alle woll'n nach oben.

Lieber fahren,
Als mit schweren Stiefeln schlurfen.
Keiner bleibt freiwillig zurück.

| | **Transit XIII** | |

Müde tanzende Neonschatten im Gras,
Zwei Berber schlafen in Fuselfahnen eingerollt.
Der Eine wollte Sternenfahrer werden,
Der Andere war Schuster.

Bunt und rund dreht sich,
Das Traumkarussell immer schneller.
Traumkette auf Traumkette verliert an Farbe,
Rotieren Gedanken in schwarze Löcher.

Die Leere wie ein diffuser Würfel,
Ergeht sich unterbewusst in endlosen Folgen.
Still nässt der Tau das Gras
Und zwei Berber.

| | **Transit XIV** | |

In der Luft ist noch Wärme vom Tag,
Im Glas noch Wein.
Wir lauschen unseren Worten und ihrem Echo
Entzückt.
Menschen gehen vorüber,
Oder fahr`n vorbei.
Unsre Augen suchen Sterne.
Unendlich viele, unendlich weit.

|| Transit XV ||

Blau strahlend deine Seele
Im Neonlicht,
Rot wie Kirschen deine Lippen,
Voller Sehnsucht deine Haare,
Stirbst du im Morgenlicht,
Um abends wieder vor dem Spiegel zu stehen.

Tausend Namen gehören dir,
Tausend Flammen lassen deine Augen leuchten,
Tausend Tänze tanzen deine Füße,
Tausend Liebhaber kennen deine Schenkel,
Tausend Stimmen verwünschen dich,
Deren Besitzer dich begehren.

Deine Ohren hören Musik,
Deine Augen sind virtuose Spieler,
Deine Hände berühren ohne zu fassen,
Deine Worte hinter lassen kaum Spuren.

Unfassbar flüchtiges Leben,
Wie du im Neonlicht.

| | **Transit XVI** | |

Eisenbahnräder rollen ratternd über Gleise,
Seelen sehen stumm aus toten Augen.
Brote verschwinden in großen Kindermäulern,
Bier rinnt in Mägen von dicken Vätern,
Äpfel werden von grinsenden Müttern geschält.
Lachen, Grölen, rotzige Kinder,
Blöde Witze, dumme Spiele.
Stille! Ausgefüllte Sonntage,
Blaue Montage!

Eisenbahnräder rollen ratternd,
Rückfahrkarten werden in Brieftaschen geschaukelt,
Brötchen, Bier und Äpfel in Mägen.
Kinder haben schlechte Laune,
Väter eine Fahne,
Mütter die Gewissheit eines schönen Ausflugstages.

Eisenbahnräder rollen
Im Gleiskreis, der nur eine Station hat,
Die immer wieder angefahren wird.
Fahrt ohne Anfang.
Manche werfen sich vor
Eisenbahnräder.

|| Transit XVII ||

Rote Tinte läuft über die Seiten der Geschichtsbücher
Es könnte Blut sein
Es war Blut
Und wird's immer sein.

Geschichte wird aus Blut gemacht
Aus dem Blut der Armen

|| Transit XVIII ||

Die Nacht ist eingefallen ins Leben,
Der letzte Akt hat begonnen.

Licht!

| | Transit XIX | |

A:
Luft in Haaren und Lungen,
Augen starren der Lichtflut entgegen, die
Wolkenwälle umbrandet.
In brüllenden Wellen stehend,
Über denen Möwen schreien,
Luft in den Lungen.

Asche fällt auf Dein Gesicht,
Wie Du in der Sonne liegst,
Unter dem Vulkan.
Und Du lebst und lebst
Und liebst auf Deine Weise.
Das wachsende Gras hebt Dich heraus.

Du bleibst ruhig stehen.
Ein Blitz hat Glas aus Sand gemacht,
Doch Du bevorzugst feuchten Lehm,
In dem Deine Finger kneten können.

Dann hast Du einen Berg erstiegen
Und hast niemanden vermisst.

B:
Still ist der Wind,
Licht ist fort,
Keine Welle mehr,
Kein Möwenschrei.

Staub fällt auf Dein Gesicht,
Sonne scheint keine mehr.
Leben und lieben,
Hat ein Ende.

Gras wächst aus Dir heraus,
Bleibst ruhig liegen.
Blitze siehst Du keine mehr.
Was hast Du vom Berg gesehen?

| | Transit XX| |

Du reist,
Als ob du an einem Ziel ankommen wolltest.
Du siehst
Als ob du den Wunsch hättest, dich an etwas zu erinnern.
Du lernst,
Als ob Theorien Wahrheit besitzen könnten.
Du hörst,
Als ob Dir dadurch die Verantwortung für Dein Leben
  erlassen würde.
Du fühlst,
Als ob du etwas anderes greifen könntest, als deinen eigenen
  Körper.
Du rennst,
Als ob du fliehen könntest,
Vor irgendetwas
Irgendwohin.

| | Transit XXI | |

Das Entsetzen in den Augen
Gilt der Unbequemlichkeit,
Die Empörung in den Worten
Der zu erwartenden Mühe,
Die Geste der Hände
Weist fort vom eigenen Körper,
Die Beine sind stark,
Vom Fortlaufen.

Wird Unrecht erkannt
Gerät alles in Bewegung,
Nur der Hintern
Der bleibt im Sessel.

| | **Transit XXII** | |

Auch ich höre
Wie die Natur hier schreit,
Sehe wie ihre Wunden nicht vernarben wollen,
Wo früher Wiese war
Und heute Stahl steht.

Doch wenn ich früh herfahre
Über die neblige Autobahn,
Die Sonne aufgehen sehe
Hinter Blöcken und dampfenden Türmen,
Dann mag ich nicht fluchen.

Und wenn der Tag
Hart war und voll Dreck und Gestank,
Wenn ich dann den Wind spüre
Auf dem Weg zu Parkplatz,
Spüre, dass der Tag nicht gestohlen war,
Dann fühle ich was,
Das ist wie das Glück,
Wenn ich Dich im Arm halte.

| | **Transit XXIII** | |

Unter einem Baum,
Sitzt ein Mensch.
Er liest in Buch.
Es beginnt so:

Unter einem Baum,
Sitzt ein Mensch.
Er liest in Buch.
Es beginnt so:

Unter einem Baum,
Sitzt ein Mensch.
Er liest in Buch.
Es beginnt so:

Da steht der Mensch auf
Und er erschießt sich
Welcher Mensch?
Egal, Mensch ist Mensch!

| | **Transit XXIV** | |

Klimpre nur auf deiner Klampfe und gröle.
Wer sich ärgert langweilt sich nicht!
Du wirst deine Stimmbänder ruinieren, aber
Siehst nicht aus wie einer, der etwas zu verlieren hat.

Die Berber grölen auch, werden auch
Immer mehr.
Die Bomber grölen auch, töten auch
Immer wieder.
Wen interessiert schon, wen's trifft?
Nicht mal die, die Bomber schicken.
Wer sich ärgert, langweilt sich nicht!

Es stinkt nach kalter Asche hier, nach Pisse und sauer.
Einer hat gekotzt.
Vielleicht hatte er auch zu viel
Getrunken oder gegessen.
Nicht alle hier fahr'n zweiter Klasse.

Die Augen geschlossen.
Ein Wunder, wenn hier einer schlafen kann
Warten auf'n Zug, auf'n Anschluss, auf'n Freier
Aufs Leben wartet keiner hier!
Worauf denn, weiß auch keiner, sieht keiner.
Nicht mal, wenn er drauf trifft.

ǀ ǀ **Transit XXV** ǀ ǀ

Werden transportiert den ganzen Tag.
Häuser, Blocks, Stadtteile, Landschaften ziehen vorbei.
Wohnen in diesem geraden, grauen Einerlei,
Fragt niemand, ob jemand das mag.

Blicken zurück auf unser Leben.
Lassen uns drängen in Strömen, irgendwohin.
Nur nicht nach vorne steht uns der Sinn,
Den hat uns keiner gegeben.

Rennen wie wild mit unserem Augenblick,
Und doch dem Ende entgegen.
Die Richtung ändern, hat keinen Zweck.

Erfinden immer neue Reden.
Sind dann doch mit einem Mal verlegen,
Bleich unser Gesicht, wie das eines jeden.

‖ Kontakt ‖

Ab im Takt, hab Kontakt
Kontakt ab im Takt
Kontaktieren taktlos
Taktischer Zweckkontakt
Taktlos, zwecklos, Abkontakt
Takt, tackt, con takt

‖ Identität ‖ (I)

Angsttraumkalter Tag
Marschieren wie die Krebse
Grottenschwarze Schwere in der Augenmitte
Verlorene Sterne purzeln in die Seele

Wolkenkratzerflanken
Treten nach hungrigen Herzen

Pfützenspiegel
Verdunkeln maskierte Gesichter

Tragen uns
In uns, unter freudlos klarem Blau
Sind hier nicht in, nicht unter sondern
Außer uns
Außerdem nichts

I I **Identität** I I (II)

Wir rufen uns
Leise, damit das Echo uns nicht schreckt,
Wir sehen uns,
Mag sein, dass wir spiegelverkehrt schöner sind.
Wir träumen uns,
In jede Hauptrolle, der wir zusehen.

Wünschen und Hoffen nicht,
Beten und Arbeiten nicht,
Verwalten und diskutieren.

Drei: Reiseimpressionen

Sitzend auf der Bettkante

Er fürchtet sich
Die Zigarette zu zerdrücken,
Weiß, wie oft der Wecker getickt hat,
Der bald lebendig lärmend sein wird.

Wenig bietet der Spalt im Vorhang,
Aber er sieht sie hoppeln im Nebel,
Die ersten weinfarbenen Strahlen,
Tanzend die Tagneugeburt feiern,
Dabei die Nacht verabschieden.

Welches Ziel?
Welcher Landeplatz denn heute?

Füße spüren Unruhe,
Hände suchen ihre Aufgabe.
Das Herz poltert und tobt,
Trotzt stockendem Atem.

Das Ende der nächtlichen Reise,
Könnte auch der Beginn eines Tages sein.

Bunter Regen

Bunter Regen fällt auf lachende Menschen
Und der Tod sitzt,
Lustige Grimassen schneidend,
Auf weißen Dächern.
Spielende Menschen auf der Straße,
Spielen das Spiel
Vom lebendigen Tod,
Und der schneidet Grimassen auf dem Dach

Wiegenlied

Dunkle Woge,
Holla Hopp.
Menge hierher!
Ab den Kopp!
Gebt uns Bier und
Zeigt uns Gott!
Rummta Rumm,
Um das Schafott
Gut ist nur,
Was ist wie wir!

Früh

Das Herz schlägt hell,
Wie Wein im Sonnenlicht.
Der Klang singt sich durchs Haus,
Steigt hinaus durch den Kamin.

Ihr Körper zusammengeigelt
Unter weißem Knülllaken.
Er sieht rauchblasend sie und
Denkt an die Hasen im Nebel,
Sich auf der Wiese unten im Park tummeln.

Eintönigkeit und trübe Gedanken warten.
Sie werden ihre Gelegenheit finden,
Werden ihn finden.
Wie immer!

Wirbel

Müde Menschen dämmernd in der Straßenbahn
Sitzend und stehend
Schaukeln sie im Takt der Schienen
Träume wandern ziellos umher.

Mit Akkordeon steigt ein Mann in den Wagen.
Fremdartig Gespieltes
Verbindet seinen Rhythmus
Mit dem der Gleise
Bunte Träume verbinden sich
Zum Wirbel, die Bahn durchziehend
Ein Kopfhörerträger dreht sich verwundert um

Dann verlieren die Träume an Schwung
Im Takt der Schienen schaukeln Menschen
Sitzend und stehend.
Selten fällt ein Geldstück in die Blechtasse
Eines kleinen Jungen

.

Circus

Die Vorhänge vor der Manege
Sind Illusion und Nebel, wie das Zelt,
von dessen Spitze bunte Neonsterne
Grell Circus schreien.
Wind fegt durch die Manege,
Wirbelt Späne hinter trägen Seelöwen auf,
Die abgelöst werden
Von keulenschwingenden Clowns.
Die Kapelle spielt „Näher
Mein Gott zu Dir" und
Jongleure ärgern ein depressives
Nilpferd, ein Känguru boxt mit
Feisten Löwen, während
Der Direktor vor dem Fernseher döst,
Wo die Sportschau etwas über
Hochseilartisten bringt
Schlangen würgen an toten Fischen, beobachtend
Wie Zebras brünstig übers Sägemehl kreisen
Und Zauberer in ihren Hüten nach etwas
Sinnvollem kramen.

Als die Beatles auftreten,
Ist die Show zu Ende.
Zwei Besucher gehen, einer liegt am Boden.
Er ist tot oder betrunken.

Das goldene Band

Fahre es hinunter, wenn du willst
Bis ganz ans Ende,
Das goldene Band der Freiheit.
Es ist das Alte,
Das so tödlich im Stumpfsein endet

Ende!
Fahre in die Sonne
Und verglühe dort!
Sei Stern unter Sternen,
Leg alle Schwärze ab,
Die deine Seele zu befreien versprach,
Und sie dann in den Sumpf zog.

Das Licht vergeht
Am Ende jeden Tages,
Während die Sonne bleibt,
Jenseits allen Plastiks

Komm!.
Begleite mich!
Vergiss deine Angst!
Man hat sie dir nur eingeredet.

Orientierung

Neonlichter tanzen in Pfützen,
Füße verwandeln sie in bunten Zirkus.
Tränen fallen von Bäumen
In unsere nassen Haare.

Taub gegen den erzählenden Wind,
Plustern sich Tauben auf, in trockenen Ecken.
Fort, nur fort hier,
Ins Trockene und Warme.

Unsere Schritte sind lang,
Länger die Pfützen.
Hecktisches Umschauen ob des Wegs,
Aber vielleicht sind alle Richtungen falsch.

Unser Polarstern zeigt zum Airport.
Von dort geht es nirgends hin, nur weg von hier.
Fort, nur fort hier!
Obwohl wir überall dieselben sind.

Heimweh

Das Echo der Schritte schallt zurück
Von glatten Hochhausmauern,
Steif wie Stahlträger die Seele,
Hart wie die Seele der Rücken.

Wind greift an von vorne oder hinten,
Treibt Zeitungsschnitzel in Strudeln.
Ein Lied hallt im Kopf,
Findet den Weg nicht zu den Lippen.

Plastiktüten hängen in den Händen,
Das nötigste nur und das ist soviel.
Gehen in den Schluchten,
Hier darf keiner fahren!

Worte schwingen zwischen Kadavern hier.
Leere Hüllen, lärmendes Nichts,
Kommen und gehen, sprudelnd stehen.
Durchfahrt durchs Licht.

Schnaufende Ruhe einen Augenblick lang.
Wo mag die Sonne hier nur zu sehen sein?
Hier wohnen viele, leben tut hier keiner.
Wer hier stirbt, stirbt auf der Reise!

Winterfahrt

Hunde ziehen unsere Schlitten
Durch frostschwarze Nacht.
Wir, unter Fellen liegend,
Träumen von heißen Sternen.

Der Schnee knarrt
Unter dem Gewicht der Schlitten
Der Wald knarrt
Unter dem Gewicht der Kälte

Der Mond blüht im frostigen Weiß
Wir hören das Heulen ferner Hunde
Oder sind es nahe Wölfe?
Durch die Nacht gleitend,
Mischt sich Furcht in unsere Träume,
Unser Ziel scheint sich zu entfernen.
Die Nacht hat die Herrschaft
Über den Tag übernommen,
Bringt die Frage mit sich,
Kommt ihr Ende von unserem?

Rote Rosenblütenblätter

Rote Rosenblütenblätter
Segeln im Wind, dem Schnee voran,
Frühling vor Winter.

Katzen wandern durch unsere Herzen,
Sonnen sich bäuchlings obenauf.
Krallen ausfahrend beobachten sie
Stumme Fische im stillen See,
Tigerträume träumend.
Bewachen den Mond mit Sonnenaugen.

Wässer verlieren sich geräuschlos
Unter hartem Gras, in den Bauen alter Dachse.
Kerzen verbrennen Stück für Stück
Finstere Tage zu heller Nacht.
Gesungene Lieder entfernter Sommer,
Hängen in kahlen Bäumen,
Erinnern an harte Hände,
Die damals Rosen eingruben.

Rote Rosenblütenblätter

Unsere Gedanken kleben am Fenster,
Wie Eisblumen und lauschen
Dem Schnee in den Wolken,
Dem Chor der Katzen,
Den unterhaltsamen Tigerträumen,
Die Tagträumen gleich.

Rote Rosenblütenblätter,
Schaukeln in unserem Haar.

Der Stein

Ich habe einen Stein
Der denkt
Und spricht
Und hört

Das darf nicht sein!
Das darf nicht sein
Und ist doch war

Es ist
Und es ist wahr

Nachgedanke

Mein Freund,
Die Zeit ist um,
Da wir uns die Erde nehmen konnten.

Die Zeit,
Die unsere war,
Gegeben um zu schaffen,
Aufzubauen, aufzufrischen,
Besser zu machen,
Um unseren Kinder Lust auf Zukunft zu zeigen,
Neuen Glanz in alte Schränke zu bringen.

Den verblieben Rest
Tragen wir mit uns.
Einige voll Stolz,
Andere mit Bauchweh.
Aber allen ist gleich:

Unsere Zeit ist um!

Vier: Haltestellen

Klarheit

Nebel sind aufgetaucht
Haben der Welt das Licht geraubt
Haben Schluss gemacht
Mit der Freiheit

Für die Freiheit
Sagen die, die aufgetaucht
Und die der Welt das Licht geraubt.

Beendet

Ein Punkt
Am Ende
Einen Punkt machen
Am Ende einen Punkt machen
Einen Punkt vor dem Beginn eines neuen Satzes

Betrachtung

Schnee fällt leise hier
Und er fällt schlimmer.
Der frostige Boden klirrt
Unter deinen leichten Schritten,
Dein Atem friert dir im Gesicht
Und du denkst:
Es ist Winter.

Doch der ist hier immer!

Bewegung

Die Zeit steht still,
Kein Laut ist zu hören.
Kein Gedanke quält die Seele,
Kein Licht das Auge.
Endlich Ruhe,
Das Ende der Konzentration ist erreicht!

Tintenleben

Rote Tinte läuft über die Seiten der Geschichtsbücher.
Könnte Blut sein.
War Blut
Und wird's immer sein.

Geschichte wird aus Blut gemacht.
Aus dem Blut der Armen!

Leben I

Fahren!
Fahren!
Fahren!

Niemals ankommen.

Leben II

Wüste
Aus Beton
Im Beton

Das Leben betonierend

Leben III

Es ist dunkel,
Ein Augenpaar schaut Dich an.
Zwei Paare sind es schon
und es werden immer mehr.

Wenn Du jetzt nicht schreist,
Dann schreist Du niemals mehr!

Leben IV

Eine Tür wird zugeschlagen,
Aus Zorn.
Zeit tropft in heißen Tränen in den Schnee.

Leben V

Einsteigen, aussteigen
Immer wieder
Von vorne.

Leben VI

Du bist jung.
Die meisten, die in dieser Straße stehen
Sind zu jung, wie du.
Eure Gesichter im Neonlicht
Sind unter Schminke gut versteckt.

Ich höre deine Stimme nicht,
Aber ich höre deine Seele träumen,
Wenn du an meinem Wagenfenster stehst.
Ich lasse dich im Schnee stehen
Mein Bett wäre zu kalt für dich.

Leben VII

Alles wird vorüber sein,
Was einmal angefangen.

Leben VII

Öde Lichter dämmern in öden Räumen
Kleine Menschen schlingern in kleinen Träumen.

Leben VIII

Langsame Bewegung.
Der Blick tastet sich von innen heraus,
Ertastet all die schönen Kleider,
Huscht über all die feinen Auslagen,
Fällt in keinen anderen Blick.
In die Ohren dringen Wortfetzen
Und ausdauernder Lärm.
Der Wind ist zu leise,
Benzinparfümwolken benebeln die Nase,
Bitterkeit liegt auf der Zunge.
Langsame Bewegungen.

Leben IX

Berge warten auf morgendlichen Sonnenkuss,
Murmeltiere bepfeifen Mond & Gämsen,
Rasen Geröllfelder hinauf & hinab.

Sternschnuppen tauen lautlos ab
Im Pastell des frühen Vormorgens.
Pinke & türkise Stille,
Unterbrochen vom ersten Krähen.

Königinnen tauchen auf,
Aus dem Brackwasser der frühen Stunde,
Welken zu Schreibkräften mit fetten Gesäßen,
Neben ihrem schlaffbäuchigen Siegfried.

Nichts ist tragisch im Lichte des Morgens oder
Alles ist tragisch in seinem Licht,
Auch wenn der Tod noch fern scheint.

Leben X

Berge wanken während
Goldfische in klaren Tümpeln dümpeln,
Umschwärmt von uferseitigen Kirschbäumen
Und feierndem Volk.

Am frühen Morgen,
Goldfische hell & rot & zu bestaunen
Zwischen am Ufer leuchtenden Kirschblüten.
Da zogen die Krieger ab,
Ließen Frauen zurück
& Kinder am Leben.

Leben XI

In den Tälern grünt neues Gras,
Oben taut der alte Schnee.
Die Sonne schmerzt in den Augen,
In denen alles Schmerzt,
Was sich abhebt vom
Partnerschaftlichen Nachbarschaftsgrau.
Vom dunklen Stein des
Felsens, der Häuser & Kasernen,
Wo Vorortrasenmäher summen.

Gelb springt über den Himmel
Und tanzt trotz Endlichkeit.
Wir wachsen dem Licht entgegen,
Brechen auf & bereiten dem Morgen
Den Boden.

Bau keinen Turm &
Reiß keine Mauer ein!
Dieses bindet dich nur.

Kognitive Entwicklungsgeschichte mit Bagger

Als Junge wolltest du Bagger fahren,
Später sie konstruieren.
Nun willst Du sie stoppen,
Weil Du ahnst:
Sie sind dabei,
Dein Grab auszuheben,
Um dich zu begraben.

Träume

Träume
Heißa Deißa
Osterweißer
Schnee von Gestern

Drinnen vergessen was
Draußen passiert
(Damit
Draußen nicht merkt, was
Drinnen geschieht)

Aus den Augen aus dem Sinn
Irgendwie ist`s immerhin
Doch noch drin

Unsichtbar

Seit einer Stunde scheint's,
Stockt dieser Nacht der Atem.
Ein verliebtes Paar, das eben noch beim Baden
Im sommerlauen, farnbestandenen See
Die hellen Körper deckte mit stillem Wasser,
Nun verschluckt vom warmen Nachtschatten
Zwischen hohen Gräsern,
Verschwunden für die Zeit,
Bedeckt mit dem, was der ausgesperrten
Welt des Sichtbaren übriggelassen,
Sodaß Sehnsucht oder Abgunst
In der Phantasie ernten müssen.

Regen weicht die Seele auf

Tropfen dringen ein
Benetzen unser Selbst,
Füllen die geheimen Zisternen,
Unserer geliebten Traurigkeit.

Der Dom

Auf einem kleinen Hügel,
Direkt über der Brandung,
Steht ein Dom.
Mit Fenstern die Chagall
Mit blauer Seelenfarbe bemalte.
Im Turm hängt die Glocke
Mit Inschrift von Henry Miller.
Morrison der Wind
Weht um den Dom,
Shakespeare liegt darin begraben,
Wenn Stockhausen dort
Eine Variation von Bach spielt.
Oder war es von Beethoven?
Camus ist Pfarrer dort,
Sartre sein Gehilfe.
Heine sitzt oft da
Lässt sich inspirieren
Wie Wagner und Simone de Beauvoir.
Da Vinci hat den Dom gebaut.

Oder war es ein Bordell
Dass der kleine Mustermann
Ihn jetzt schließen lassen will?

Der Volksvertreter

Mauern um Dein Haus
Tragen Glassplitterzinnen,
Und Vorhänge aus Stahl vor den Fenstern,
Wie im Knast.
Hinter Türen Männermaschinen,
Bis an die Zähne bewaffnet.
Vor der Tür auf der Lauer
Die Videokamera.
Dein Panzerwagen
Wird von einem Taek-Won-Do Meister gesteuert.

Deine Immunität
Schützt Dich vor dem Recht,
Das Du täglich produzierst.

He Volksvertreter!
Komm heraus!!
Dein Volk hat Dein Haus umstellt.

Wir sehen sie natürlich nie

Wir sehen sie natürlich nie,
Diese Serien im Fernsehen.
Und wenn dann natürlich kritisch.

Wir hören sie natürlich nie,
Die Schlager im Radio.
Und wenn dann natürlich auf Englisch.

Wir schlagen sie natürlich nie
Die Frau in unserem Leben.
Und wenn dann natürlich nicht vor den Nachbarn.

Inhalt